Pflastersteine

Gedichte

Ausschnitte aus einem Lebenszyklus

Patti Armanini

Es wird darauf hingewiesen dass alle Angaben in diesem Buch trotz sorgfältiger Bearbeitung ohne Gewähr erfolgen und dass eine Haftung des Autors oder des Verlages ausgeschlossen ist

Redaktionelle Verarbeitung und Publizierung:
Patti Armanini
Buchsatz & Cover Patti Armanini
Bilder: Patti Armanini
Herstellung und Verlag: BoD – Books on Demand, Norderstedt

ISBN: 9783735761842

1. Auflage 2014

DIE AUTORIN

Patti Armanini, gebürtige Meranerin, Mutter eines Sohnes, ist Übersetzerin und Autorin, freischaffende Künstlerin und Schmuck-Designerin, lebt und arbeitet derzeit im schönen Ahrntal in Südtirol.

Patti Armanini
2014

Internet: http://www.patti-armanini.com

2014 BÜCHER:

TIERGESCHICHTEN AUS SÜDTIROL (BOD-VERLAG UND AMAZON)

RACCONTI DI ANIMALI NELLE DOLOMITI (AMAZON)

NIVES HEILUNG (BOD-VERLAG UND AMAZON)

INHALT

Danke

danke
mein leben.
erfahrungen
freuden & leiden.

erkenntnis, die schöpfung
zellen von uns selbst
wunder & geheimnis.

schenke mir
die gesundheit
kraft & weisheit
die höhere erkenntnis.

lass mich
reifen, tag für tag
meine prüfungen
gut überstehen,
meinen kleinen Sohn
wachsen & gedeihen sehen.

Für Vince

wohliges gefühl im bauch.

frei, liebe empfinden

neugierde & angst überwinden.

zusammenspiel aller elemente

unvergessliche momente!

sanfte sprengung meiner abgeriegelten türen.

zuversichtlich

ließ ich mich von dir führen.

lebendige erinnerung.

Für Toni

ein liebes lächeln suche ich

worte sind überflüssig.

einen warmen sehnsüchtigen blick suche ich
versinke.

ein gutes herz und gehör suche ich

gleiche wellenlängen.

eine quelle klaren wassers suche ich

verschmelze mit ihr.

ein langes, befreiendes seufzen suche ich

ich weine nicht mehr innerlich.

ein scharfts messer suche ich

ich schaffe wieder klarheit.

eine dicke haut suche ich

niemand zehrt mehr von mir.

eine sanfte, alles umhüllende umarmung

suche ich

dieses rationale schmerzvolle spiel

hört endlich auf!

Oder

einen reißenden, tobenden fluss suche ich

ich gehe in seinen wogen unter.

Und

eine einsame insel suche ich

ich fange wieder an

zu überleben …

Die Ungerechtigkeit

die ungerechtigkeit trifft dich im kern

nicht so sehr dich, sondern was du generiert.

die ungerechtigkeit ist irdisch

sie lässt dich frühzeitig ergrauen und altern

verantwortungsvoll durchschauen, erschaudern.

die ungerechtigkeit frisst dich innerlich auf

hast keine chance, der virus sitzt tief im bauch.

der sand rieselt langsam

aber unaufhaltsam

dem stillstand zu.

nicht einmal im tod

darfst du den frieden erklimmen.

Pax

der friedensvogel liegt

grau-schwarz

in richtung vergangenheit.

nur Amor

wird uns alle

zum licht hinführen.

Liebe

liebe =

freiheit.

liebe geben

liebe nehmen.

die schwierigste prüfung im leben.

Meran

mediterrane perle

inmitten der berge

die du einmal warst …

nur weil die stadtverwaltung sich viel

von neuen thermen verspricht

wurden unzählige sequoien, wunderbare bäume
für immer ausradiert!

nur weil ein baum - auch hundert jahre alt -
einen kleinen ast verliert

wird er gleich dem erdboden gleichgemacht,
ausreden gibt es immer dafür!

die geschichtsträchtigen häuser und ecken

schwinden zunehmend, auch die natur.

waren es einmal die vögel, die dich weckten,

sind es jetzt die motorsägen, überall auf tour.

ein faustschlag ins auge, was da überall entsteht

fabriken sind schöner, als die baukästen hier!

wie überwältigend der ausblick

vor jahren noch war

vom tappeinerweg auf die stadt,

die luft so klar.

tagtäglich weicht die schönheit dieser stadt

dem neuen geschmack

beton! beton! beton!

Ewig ist

nichts

ist ewig.

ewig ist nur

der augenblick.

Das Kind und das Meer

sein blick verliert sich im weiten horizont.

aufmerksam, tief beeindruckt steht es da,

geheimnisvolle front!

'gen himmel gestreckt sind die ärmchen,

gespreizt sind die finger und beinchen.

umwerfendes freiheitsgefühl!

du gehörst zu mir, wie ich zu dir!

die welle rollt, das kind mit ihr

freudestrahlend sein gesichtchen.

und so verharrt es still in der brandung,

lässt sich wiegen, vertraute umarmung.

die finger vergraben

im schäumenden sand

ewiges band,

das kind und das meer.

Ehrliche Lieb

mammi, ich liebe dich!

sagt er so oft, umarmt mich fest

mein kleiner sohn.

fühlt sich geborgen und geliebt

nichts schöneres auf dieser welt es gibt!

Daheim

ist mein kleiner sohn.

symbiose.

sind meine blumen,

pflanzen & tiere,

bücher & bilder.

in einer ecke,

all die unannehmlichkeiten.

Heute

essenz

vom vergangenen

kraft

für das zukünftige

inzwischen:

das heute.

PFLASTERSTEINE °V° PATTI ARMANINI

Autsch

augen zum weinen.

seele zur vereinsamung.

körper zum blütentod.

... und immer wieder

seine nabelschnur! ...

Anima

mein kleiner engel

umhüllender duft

vertraute seele

reziproke trauliche kraft!

sanfte brise

auf dem heißen kopfsteinpflaster.

Reichmut - Armtum

früher

viele bäume

wenig häuser.

heute

viele häuser

wenig bäume.

Gedanken

jahre des (schau)spiels

ließen mir graue haare wachsen.

jahre des gefühls

nagten an meinem innersten, essenz.

jahre der unklarheit

ließen mich nichts verarbeiten.

jahre der stillen verzweiflung

drängten nicht nach außen.

was übrig bleibt:

ein lichtstrahl:

erschlagen.

eine blüte:

abgehackt.

schwere last,

die (ent)täuschung.

Haut

lieblicher tau im morgengrauen

alles umhüllender sonnenstrahl

einlass hast du mir gewährt

in deine welt.

zu groß, zu rein

ist der lauf deiner bergquelle

vor dem meine sehnsucht

perle

auf deiner

meiner haut zu sein,

banal wirkt

in den augen des auserlesenen.

Geben <-> Nehmen

geben,

ohne dafür etwas zu erwarten,

mit herz

mit seele

mit kopf.

wahre großzügigkeit!

nehmen,

ohne dafür etwas schuldig zu sein,

mit herz

mit seele

mit kopf.

wahre dankbarkeit!

Freiheit

nur für uns selbst.

fülle von erfahrungen

in schwaz-weißer welt.

direkter draht zum göttlichen.

Geburt

sanduhren

im feuerrot

den schmerz loslassen.

tiefe.

dunkelblau,

helle falter,

splitter.

weiß.

todesgefühl,

moosgrün,

leben.

mein körper

schlägt brücken.

schließlich

befreiung für beide.

strahlendes gelb.

symbiose

unermessliche freude

& wärme.

Für E.

seitenhieb.

& schwere lider,

starre glieder,

nur für einen augenblick.

so hilf mir doch!

nur das kleine bisschen!

lass mich nicht schon wieder im stich!

hast mir nie was vergönnt …

kreislauf der generationen.

hast keine ahnung

was lieben ist.

nicht einmal dein eigen fleisch und blut.

35

Dunst

und jetzt kommt er

der dunst.

die ausgeleierten batterien

die unterdrückte müdigkeit.

solang der draht gespannt war

hellwach,

auf alles vorbereitet.

doch nun,

in der kurzen pause

vor dem anstehenden kampf

angst, abzusacken.

ich schwanke.

Erwachen

und trauer überfällt mich wieder,

unerfüllte sehnsucht,

schwere lider.

lust auf selbstzerstörung,

ästhetischer hässlichkeit.

wellen, die sich verlieren.

Du - Für W.

du sprichst vom feinstofflichen in mir

und ich von meiner liebe zu dir.

du sprichst vom bedürfnis nach freiheit

und ich denke nur an einheit.

du sagst nein, lässt die hintertüre offen

und ich darf wieder nur hoffen.

PFLASTERSTEINE °V° PATTI ARMANINI

Die Wende

jahre

allein

gebogen

ergraut.

windharfe

der berg

stagniert

ich steh'.

schließlich

die wende

die hilfe

der weg!

Zappelphilipp

engelslachen

seit du die welt erblickt,

stets munter und fidel.

lämmchen

in wolfes krallen

- befehl!

dein ganzes inneres schrie um

!!!hilfe!!!

und zappeln zappeln, unaufhörlich zappeln!

kettenreaktion der ausgestoßenen pfropfen.

angst - aggression - verschluss - resignation.

& meine gebundenen hände.

Gott, lass ihn niemals im eis erfrieren!

anima

mein allerliebstes!

Wasser

schon blau deine lippen.

wie eine espe zitternd

stehst du endlich vor mir da.

.so lass dich doch abtrocknen!

zu spät, fürwahr!

dein 'wasserstrahl'

den schlafenden mann daneben

bereits voll traf.

Sonnenstrahl (für E.J.)

du,

zärtlicher sonnenstrahl

in meinem leben.

inhalt.

ich,

knospe erblüht

in allen regenbogenfarben.

schwebe.

wir,

kraft der fest verankerten wurzeln.

symbiose.

niemals endende liebe!

Schwarzer Schmetterling

das herz

hast du mir gebrochen

herausgerissen

lässt es langsam

verbluten.

ein schwerzer schmetterling

las es gestern auf

wollte es beleben

schaffte es auch!

PFLASTERSTEINE °v° PATTI ARMANINI

Rhythmus

rhythmus!

allgegenwärtig

meereswellen

geben &

nehmen.

harmonie

geheimnis

offenbarung

schwingung

leben.

rhythmus!

entwicklung

entfaltung

euphorie

kosmos.

rhythmus!

immerfort

auf dass es nie zu spät ist.

Die Kluft

eine dunkle

verdorbene macht

zog mich in den strudel hinein,

wirbelte mich mehrmals herum,

um mich dann,

kraftlos,

wie ein ekel,

auszuspeien.

reden war sinnlos.

der wind

trug die worte

lautlos fort.

lieben war sinnlos.

der stein

lebte nur

von witterungserscheinungen.

nur nachts

wurde das kind ausgeliehen

zur gegenseitigen verständigung.

Irreparabel

du bist der stein.

ich der horizont!

Regenbogen

stählernes grau. tausend fragen.

ticktack ticktack.

hineinhören. festhalten, wo?

ticktack ticktack.

druck. von außen, von innen.

tick.

kreuzigung. steiniger weg.

tack.

idee:

gedanken. energie. einfluss.

ticktack.

glaube. loslassen. neubruch.

ticktack.

schwindende zweifel. bewusstsein. stärke. ruhe.

ticktack.

sanduhr. zutraulich, so lang es geht.

tick.

tack.

Plötzlich

plötzlich

lief die innere uhr

zu schnell

war die grenze überschritten.

zu viel.

plötzlich

schien die welt

zusammenzubrechen.

zu schwer.

doch plötzlich

deine strahlenden augen!

licht und zuversicht!

PFLASTERSTEINE °V° PATTI ARMANINI

Offenbarung

jahrelange abwehr

trotz leben nach deinen gesetzen.

abkapselung, immer mehr

mein dasein nicht richtig einschätzen.

dann der abgrund, der steinige weg.

ich, wissender ignorant

hatte die grenzen überschritten.

deine anwesenheit, prägnant.

messers schneide, ich inmitten.

deine immense energie außen und in mir

ließ mich wieder von vorn beginnen.

du gibst immer mehrere chancen

wenn man einen fehler macht

feinsinnige nuancen

die unendliche acht.

hab wieder zugang zu dir gefunden

du reines, seichtes wasser.

hab vieles überwunden

trotzdem mein alltag

wird immer krasser.

dank für deine lehre

& für jeden tag.

bin auf deiner fähre

nichts mich davon

jemals abzubringen vermag!

Sarò

sarò il tuo sole

ti scalderò.

sarò la tua luna

ti accoglierò.

sarò la tua terra

dove affonderai le tue radici.

sarò il tuo vento

spazzerò via ogni tuo tormento.

sarò la tua pioggia

ti rinfrescherò.

sarò il tuo mare

dove lasciarti andare.

sarò la tua musica

per sempre presente.

sarò il tuo respiro

persistente, nel ritmo della vita.

sarò,

se tu sarai

la persona giusta per me.

Tenerezza

zutraulich

deine hand

in meiner.

friedlich

dein schlaf

kleiner engel.

inbrünstig

deine umarmung

guten morgen!

PFLASTERSTEINE °V° PATTI ARMANINI

Quelle

so wunderbar du kleiner mensch

bist rein wie eine quelle.

so viel vertrauen in deinen augen

woge und gefühlswelle.

so viel liebe jeden tag meine kleine blüte

- das herz mir bricht!

so verzweifelt bin ich im stillen

dein vertrauen wieder zu verlieren

sobald sie dich mittels höherer gewalt

schon wieder traumatisieren!

was, wenn dein licht erlischt, die lebensfreude?

ich war viel zu gut all die jahre, mit dieser
meute!

die welt ist macht und geld und gier

zu spät verstanden habe ich's, wie alles
funktioniert!

zu gutgläubig war ich, mit den falschen leuten.

doch unerhört ihr Ziel, auch noch zu kreuz'gen!

Varco di luce

quando muore un'anima pura

malgrado la pioggia insistente

improvvisamente

un varco di luce trapassa la barriera.

energia fortissima pura

che da noi si congeda.

quando a Ognissanti

malgrado la pioggia insistente

fino all'imbrunire

brillano migliaia di fiammelle

sulle tombe dei nostri cari

le gocce di pioggia

son lacrime

che guardano

verso il mondo dei viventi.

Weiß

weiß

ist der tod.

so viel kraft

umsonst verschossen.

die erhofften regenbogenfarben

verflossen.

jetzt

ist die leere da.

stille verzweiflung.

Pflastersteine °v° Patti Armanini

Virtuelle reelle Begegnung

an diesem regentag bist du der tropfen

der mich einhüllt, mein innerstes schwingt

cocoon.

fern, ein vertrautes enigma und schon drinnen
in mir

eine virtuelle bekanntschaft, die mich aufwühlt.

wir haben gelitten, wir haben erlebt

bewusst alles aufgenommen

was kommt und geht.

lebendige menschen einander gespürt

und doch so entfernt und verschlossen - déja-vu.

dein sinnlicher mund lässt mich erschauern!

neues leben erwacht.

*zwischen den augenbrauen dieselben zwei risse
wie auf meiner stirn.*

neugierde und bangen.

wie wird das erste treffen sein? und falls -

wird es die große liebe sein? nur illusion?

ich holte dich ab.

*du schwenktest den koffer vor freude über den
kopf*

und ich die regenwolke über den meinen.

das zierliche schneiderlein und die wikingerin ...

abstrus-konfus die situation

und leider wieder mal nur illusion.

Hilflosigkeit

dort der abgrund in sicht

hilflos darauf zusteuern

höhere gewalt!

hilflos wie damals

zwischen leben und tod

festgenagelt!

warum? weshalb? keine antwort!

ich stehe noch aufrecht.

nicht biegen

nicht brechen.

vom himmel zur hölle

das wünschten sie.

ich soll zerbrechen!

meine antwort: niemals! nie!